Helmut G. Brendel

"Werden wie die Kinder..."

Helmut G. Brendel

"Werden wie die Kinder..."

Die psychoanalytische Beratung einer Mutter wegen der Suizidgefährdung ihrer Tochter

Fromm Verlag

Impressum / Imprint
Bibliografische Information der Deutschen Nationalbibliothek: Die Deutsche Nationalbibliothek verzeichnet diese Publikation in der Deutschen Nationalbibliografie; detaillierte bibliografische Daten sind im Internet über http://dnb.d-nb.de abrufbar.

Bibliographic information published by the Deutsche Nationalbibliothek: The Deutsche Nationalbibliothek lists this publication in the Deutsche Nationalbibliografie; detailed bibliographic data are available in the Internet at http://dnb.d-nb.de.

Verlag / Publisher:
Fromm Verlag
ist ein Imprint der / is a trademark of
OmniScriptum GmbH & Co. KG
Heinrich-Böcking-Str. 6-8, 66121 Saarbrücken, Deutschland / Germany
Email: info@frommverlag.de

Herstellung: siehe letzte Seite /
Printed at: see last page
ISBN: 978-3-8416-0588-7

1. Einleitung

Diese Falldarstellung bezieht sich auf einen Beratung, die ich im Rahmen meines Praktikums an einer Evangelischen Lebensberatungsstelle übernommen hatte.

In der Falldarstellung habe ich mich im Wesentlichen auf die Eingangsphase der Beratung konzentriert. Zum Zeitpunkt der Abgabe stand mir das Material von insgesamt zehn Beratungsgesprächen zur Verfügung. Dazu kamen die Ergebnisse der Einzelsupervision. Im Aufbau bin ich in der ersten Hälfte der Chronologie der Beratung gefolgt. In der zweiten Hälfte habe ich thematisch gearbeitet. Dabei habe ich aber den jeweiligen Stand der Beratung mit eingearbeitet. Wichtig war mir dabei die Bestimmung des Verhältnisses von psychoanalytischer Tiefenpsychologie und Seelsorge.

2. Der Anfang der Beratung

2.1. Die Anmeldung

Die Klientin meldete sich telefonisch bei der Sekretärin im Büro der Beratungsstelle an. Wie üblich wurden die Anmeldungen vor der Gruppensupervision vorgestellt. Wegen der Sommerferien war der Kreis der anwesenden BeraterInnen klein. Eine 55jährige Frau, die keine weiteren Angaben zu ihren persönlichen Verhältnissen machte, suchte Beratung. Sie mache sich Sorgen um ihre Tochter, die ihr immer wieder mit Suizid drohe. Aufmerken lassen hat mich der Zusatz: "Bereits der Vater und auch die Großmutter haben sich das Leben genommen." Ich fand die Sorge der Mutter berechtigt und bot mich im Team an, den Fall zum nächstmöglichen Zeitpunkt zu übernehmen. Die Klientin konnte wegen ihrer Berufstätigkeit erst nachmittags ab 15.30 Uhr kommen. Durch die Sekretärin ließ ich ihr einen ersten Termin mitteilen.

An der Anmeldung hatte mich zunächst einmal die Sorge der Mutter um ihre suizidgefährdete Tochter angesprochen. Aber erst die Information über die erfolgreichen Suizide von Vater und Großmutter hat mich veranlasst, den Fall zu übernehmen. Zum einen bestand nach meinem Urteil wegen der familiären Vorgeschichte eine möglicherweise reale Suizidgefahr für die Tochter. Zum anderen hat mich eigenartig berührt, dass nicht die Tochter selbst die Beratung suchte, sondern die Mutter. Eigentlich, dachte ich, müsse die Tochter Hilfe haben. Auf der Anmeldung stand aber der Zusatz: Die Tochter sei für die Mutter auf ihre Suizidalität nicht ansprechbar. Irgendwie hatte ich das Gefühl, schon bei der Übernahme des Falls in eine Falle getappt zu sein. Hatte ich Mitleid mit der Mutter, die in der Gefahr stand, nach ihrem Ehemann nun auch noch ihre Tochter zu verlieren? Oder packte mich die Sorge um das Leben der Tochter? Ein unbestimmtes Gefühl von Mitleid bewegte mich. Auf wen es sich bezog, auf Mutter oder Tochter, war mir unklar. Ich vermute, dass das Gefühl sich eher un- oder schwer unterscheidbar auf beide bezog. Eigenartig melancholisch machte mich die Bemerkung auf der Anmeldung, dass die Mutter alleine kommen wollte, also die nur indirekt Betroffene und nicht die direkt betroffene Tochter. Was sollte diese seltsame Stellvertreterschaft? Ich war gespannt, wer da in der Beratung erscheinen würde.

2.2. Die Unpünktlichkeit der Klientin

Der Termin für das Erstgespräch war an einem Donnerstag um 15.30 Uhr in der Dependance der Beratungsstelle. Am Vormittag schon bei der Gruppensupervision hatte mir die Sekretärin ausgerichtet, dass die Klientin nochmals angerufen habe. Sie werde voraussichtlich etwas später kommen, da sie vorher noch einen anderen Termin habe. Ich selbst hatte vorher von 14.30 bis 15.30 Uhr eine erste Beratung. Um 15.20 Uhr, als ich mit der vorherigen Beratung noch nicht zu Ende war, klingelte es. Ich beendete das Gespräch, um den vorherigen Klienten zu verabschieden und die neue Klientin hereinzulassen. Als ich an der Wohnungstür stand, hörte ich sie mit energischen Schritten die knarrende Holztreppe heraufkommen.

Etwas irritiert war ich, weil sie entgegen ihrer vorsorglichen Ankündigung nicht zu spät, sondern zu früh kam. Ihr Verhalten empfand ich als paradox. Ich reagierte verwirrt. Ich war vielleicht deswegen besonders höflich zu ihr und ließ sie herein. Weil es noch fast 10 Minuten vor der Zeit war, bat ich sie zu warten, bis es soweit sei. Ich konnte die verbleibende Zeit gut gebrauchen, um meine Aufzeichnungen über das vorhergehende Gespräch zu vervollständigen und um eine kurze Pause zu machen.

2.2.1. Die erste Begegnung

Um halb vier ging ich und holte sie aus dem Wartezimmer herüber. Mit festem Schritt ging sie den langen Gang zum Sprechzimmer mir voran. Ich bat sie, auf dem Stuhl mir schräg gegenüber auf der Fensterseite Platz zu nehmen. Sie setzte sich, lehnt sich zurück und schlug die Beine übereinander. Sie war eine mittelgroße, kompakte Frau, ein brünetter Typ mit rundlichem Gesicht und braunen, glänzenden Augen. Sie strahlte Mütterlichkeit, Freundlichkeit und Wärme aus. Zugleich war sie von fraulicher Eleganz. Sie war gepflegt gekleidet und trug nicht zu wenig Goldschmuck, Halsketten, Armreife und Ringe, die ihr, wie ich fand, gut standen. Sie trug eine randlose Brille mit starken Gläsern, die im oberen Teil blaugrau getönt waren. Ich fand sie sympathisch und dachte, ich könne mit ihr arbeiten.

2.2.2. Die Anfrage an meine Qualifikation

Sie eröffnete das Gespräch und sagte: "Ich muss mal mit einer Fachkraft drüber reden. Eigentlich wollte ich zu einer Ärztin, aber die hatte eine zu lange Wartezeit." Dann wollte sie wissen, mit welcher Qualifikation ich hier arbeitete.

Ich fühlte mich durch diese unvermittelte Frage in Frage gestellt und verunsichert. Ich erzählte ihr dann, dass ich Pastor sei und die Weiterbildung zum Pastoralpsychologischen Berater machte und hier in der Beratungsstelle mitarbeitete. Dass ich Praktikant und in Ausbildung war, verschwieg ich ihr. Ich fürchtete, ihren Ansprüchen nicht gerecht zu werden. Ich wollte, dass sie mich als Berater ernst nimmt. Hinterher hatte ich aber auch das Gefühl, dass ich ihr mehr erzählt habe, als ich eigentlich wollte. Ich fühlte mich gedrängt, mich vor ihr ins rechte Licht zu setzen. Der Selbstzweifel, ob ich auch gut genug für sie sei, nagte an meinem Selbstbewusstsein. So hatte ich das Gefühl, dass ich etwas davon zu kompensieren versuchte und war „ärgerlich auf mich, weil ich mich dazu hatte verleiten lassen.

2.2.3. Die manipulative Mutter

Die Anfrage an meine Qualifikation war das eine, was mich verunsicherte. Als sie dann von ihren familiären Verhältnissen erzählte, vor allem von der Beziehung zu ihren beiden erwachsenen Töchtern, stieß mir immer wieder auf, dass sie sehr verfügend über sie sprach: "Sie haben beide erreicht, was ich wollte." Oder "Ich habe sie gut aufgebaut dadurch, dass ich an sie glaubte." Solche Sätze machten mir geradezu körperliches Unbehagen. Ich fand sie in Identifikation mit den Töchtern als sehr entmachtend. Sie war eine Mutter, die sich gleichsam als die Schöpferin ihrer Kinder empfand. Natürlich hat sie ihnen das Leben gegeben. Aber lebensfähig waren sie nur dann, wenn sie ihr eigenes Leben führten.

Außerdem fiel mir auf, dass sie fast nur von der Großen und der Kleinen sprach. Sie versuchte sie, dachte ich, nach ihren unbewussten Bedürfnissen klein zu halten. Da ich dazu noch den Eindruck hatte, dass die drei mir wie eine fast unauflösliche Einheit erschienen, drängte es mich danach, den symbiotischen Nebel zu durchdringen. Ich musste immer wieder fragen, wie die Töchter heißen. Ihre Namen waren A. und E. Es fiel mir schwer zu unterscheiden, welche die

„ältere und welche die jüngere war. E. war 32 und A. 29 Jahre alt. In meiner Vorstellung handelte es sich aber bei ihnen um kleine Mädchen, die je nach Erzählung der Klientin schrumpften oder wuchsen. Als junge Frauen konnte ich sie mir kaum vorstellen.

Von ihrer suizidgefährdeten Tochter sagte sie: "Ich kann ihr aber auch nicht helfen. Sie akzeptiert es nicht. Dann versuche ich das versteckt, aber vermutlich nicht versteckt genug." Da die Töchter sich ihren Manipulationsversuchen entzogen, um ihr eigenes Leben zu leben, versuchte die Mutter es auf versteckte Weise. Und wenn es ihr dann immer noch nicht gelang, dann machte sie sich den Vorwurf, dass sie das noch nicht raffiniert genug war.

So verhielt sie sich aber nicht nur zu ihren Töchtern, so verhielt sie sich auch ihrem Mann gegenüber. Sie erzählte, die jüngere Tochter A. sage immer wieder: "Wenn wir noch netter zu ihm gewesen wären, dann hätten wir das verhindern können." So meinte die Klientin, hätten sie gemeinsam den Selbstmord ihres Mannes doch noch verhindern können. Ich dagegen fürchtete, dass sie mit dieser entmündigenden Art ihren Mann unbewusst in den Suizid getrieben habe. Bei der jüngeren Tochter drohet sich dies zu wiederholen.

Mit zunehmendem Unbehagen nahm ich wahr, dass sie sich auch der Beratungssituation bemächtigen wollte. So versuchte sie gleich in der ersten Stunde, mir die zeitliche Strukturierung aus der Hand zu nehmen. Als die vereinbarten 50 Minuten sich dem Ende näherten, erklärte sie, dass unsere Zeit nun um sei und sie wieder gehen müsse. Mit Mühe gelang es mir, das Heft in der Hand zu behalten. Ich sagte:

Ich hätte noch etwas Zeit, um unser Gespräch zu Ende zu führen. Ich würde es nicht gerne mittendrin abbrechen. Offensichtlich divergierte das innere Zeitgefühl der Klientin und die „äußere Beratungszeit. Sie aber versuchte im wohl unbewussten Affront, sich gegen den Berater durchzusetzen. Das konnte ich nicht zulassen. Ich bekam Lust mit ihr zu streiten.

3. Übertragung und Gegenübertragung

3.1. Die Klientin

Die Klientin war 55 Jahre alt, verwitwet. Den Ehemann hatte sie schon als Alkoholiker geheiratet. Er war Verwaltungsangestellter bei der Stadt. Vor 9 Jahren hat er Suizid begangen, indem er sich mit Gas in die Luft sprengte und das ganze Haus zerstörte.

Sie hatte zwei Töchter. Die „ältere, E. (32), ist Diplomvolkswirtin und arbeitete als solche in einem Industriebetrieb. Sie hatte hochschwanger geheiratet und hatte kurz danach unter großen Schwierigkeiten ihr erstes Kind geboren. Der Ehemann war freischaffender "brotloser" Künstler, wie sie sagte. Den Lebensunterhalt musste die Tochter verdienen. "Wir bekommen gerade unser erstes Kind“, sagte die Klientin. Die jüngere Tochter, A. (29) war unverheiratet. Sie habe Probleme, einen Partner zu finden,. meinte die Klientin. Von Beruf war sie Fremdsprachenkorrespondentin und arbeitete als Reisekauffrau in einem Reisebüro. Ihre Suiziddrohungen waren der Anmeldegrund für die Klientin. Auf Nachfrage erfuhr ich, dass sie noch keinen konkreten

Versuch unternommen hatte, nur der Mutter immer wieder damit gedroht hatte. Dadurch fühlte ich mich aber nicht nur erleichtert, sondern auch gefoppt und verärgert. Weil ich das Problem für ernsthaft gehalten hatte war ich bereit den Fall so schnell zu übernehmen. Damit war es ihr jedenfalls bei mir gelungen, sich wichtig zu machen und die Wartezeit zu verkürzen.

Die Klientin war immer berufstätig. Sie arbeitete als Sekretärin in einer Klinik und machte die Patientenbetreuung. Sie war bei Ärzten und Patienten in gleicher Weise beliebt und unentbehrlich. Stolz erzählt sie, dass ihr Chef in aller Öffentlichkeit gesagt habe: "Wenn Frau S. kommt, dann geht die Sonne auf. Sie ist die Seele der Klinik."

Ihr Vater war russischer Emigrant. Er war Sänger in einem russischen Chor und verdiente damit seinen Lebensunterhalt. Er war deswegen sehr viel unterwegs. Später sei er an den Alkohol geraten. Sie war im griechisch-orthodoxen Glauben ihres Vaters erzogen worden und gehörte mit ihm zur griechisch-orthodoxen Gemeinde. Ihr Vater war mit dem damaligen Geistlichen befreundet. Sie sei bis zu ihrem Wegzug dort zum Gottesdienst und auch zur Beichte gegangen. Ihre Mutter dagegen habe von Kirche und Glauben nichts wissen wollen.

Die Liebe ihrer Eltern, sagte sie, sei so groß gewesen, dass sie noch heute davon zehre. Sie habe beide Eltern sehr früh verloren. "Mein Vater ist bei der Geburt meiner „älteren Tochter gestorben," sagt sie. Darin kommt, finde ich, ihre enge symbiotische Bindung anschaulich zum Ausdruck. Damals war die Klientin allerdings schon 23 Jahre alt. Ihre Mutter sei schon zwei Jahre vorher an Krebs verstorben. Sie lese immer noch die Briefe ihrer Eltern. An ihnen könne sie sich heute noch aufrichten. Aus ihnen könne sie immer noch Kraft für ihr schweres Schicksal schöpfen.

Sie habe eine „ältere Schwester, die mit einem Arzt verheiratet sei. "Sie ist sehr verschlossen und spricht dem Alkohol zu wie ihr Vater."

Sie selbst lebe nur für ihre Töchter, sagt sie. In der Sorge um sie fände sie sich selbst ganz unwichtig. Die "Kinder", sagt sie, könnten sie in tausend Zweifel stürzen, ob sie auch alles recht mache. Sie sei sehr unsicher. In die Beratung sei sie auch auf Drängen der „älteren Tochter gegangen. Sie könne es sich nicht leisten, bei der jüngeren Tochter noch einmal etwas falsch zu machen.

3.2. Gegenübertragung

3.2.1. Gefühle

Meine Gefühle der Klientin gegenüber waren zwiespältig.

Auf der einen Seite fand ich sie persönlich sympathisch. Sie erschien mir als eine warmherzige, mütterliche Frau. Ihre weibliche Attraktivität erlebte ich als durch ihre Mütterlichkeit tabuiert. Sie kleidete sich geschmackvoll, aber behängte sich nach meinem Urteil etwas zu sehr mit Goldschmuck. Schmückte sie sich selbst damit, oder war es geschenkter Schmuck? Stammte er von ihrem Freund oder von jemandem anderen? Ich hegte so meine Zweifel, ob er echt war. Vielleicht war er nur Blendwerk? Insgeheim bewunderte ich ihre "Potenz", mit der sie ihr schweres Schicksal meisterte, das sie sich nach meinem Eindruck aber auch unbewusst selbst bereitet hatte.

Zugleich löste sie in mir auch Angst aus. Ich mochte nicht von der Macht ihrer mütterlichen Liebe und Fürsorge niedergewalzt werden. Ich mochte nicht von ihr manipuliert werden. Es erschreckten mich auch ihre Größenphantasien über ihre fast magische Macht z.B. über ihre Töchter, wie sie z.B. in dem Satz zum Ausdruck kam: "Sie haben beide erreicht, was ich wollte." Besorgt war ich über Ihre Neigung, mir wichtige Dinge zu verschweigen. Immer wieder musste sie z.T. auf Nachfragen wichtige Informationen nachreichen, wie z.B., dass sie einen Freund hatte, dessen sie sich aber schämte, weil er nach ihrem Urteil nicht standesgemäß war.

3.3. Die Diagnose

Beide Gefühle, das der Sympathie, fast Bewunderung und das der Angst, mich ihrer nicht mehr erwehren zu können, bezogen sich im wesentlichen auf die unglaubliche Tüchtigkeit, mit der sie ihr schweres Schicksal meisterte. Dieses Schicksal aber bestand darin, dass sie einen Mann geheiratet hatte, von dem sie schon vorher wusste, dass er Alkoholiker war. Sie hatte sich also einen Partner gesucht, der in seiner Bedürftigkeit eine Partnerin brauchte, die ihn versorgte. Zugleich hat sie einen Partner gefunden, an dessen Alkoholismus sie ihre eigene blockierte Oralität kontrollieren konnte.

3.3.1. Blockierte Oralität - altruistische Abtretung

3.3.1.1. Übergroße Liebe

Die eigenen oralen Bedürfnisse der Klientin waren vermutlich von Kindheit an nicht angemessen befriedigt worden. Das Modell, nach dem dies verlaufen sein könnte, ließ sich für mich am Umgang der Klientin mit den Briefen ihrer Eltern ablesen. Noch heute las sie sie, wenn es ihr schlecht ging. Ich konnte sie gleichsam als eine Art Übergangsobjekt[1] für Erwachsene sehen. So konnte sie immer noch von der übergroßen Liebe ihrer Eltern zehren. Die Stärke dieser Liebe wird nach meiner Auffassung in ihrer Überwertigkeit gelegen haben. Ungestört kann die materielle und emotionale orale Versorgung von Kindern grundsätzlich nie sein. Die Frage ist nur, wie weit die Störungen gut genug integriert werden können. Gestört war die Versorgung der Klientin selbst vermutlich durch die Alkoholabhängigkeit ihres Vaters. Die Mutter wird ihn als Koalkoholikerin[2] genauso überversorgt haben wie ihre beiden Töchter. Die beiden aber wird sie auch noch unvermeidlich unterschiedlich versorgt haben. Die „ältere Tochter, die vermutlich das ehestiftende Kind war, lebte nach Auskunft der Klientin selbst den Alkoholismus des Vaters. Die Klientin aber als jüngere Tochter, wird nicht mehr so erwünscht gewesen sein wie ihre Schwester. Das lässt sich indirekt vielleicht auch an der Rivalität der beiden Geschwister ablesen. Die Klientin fühlt sich bis heute ihrer Schwester unterlegen

---

[1] Donald Woods Winnicott: Übergangsobjekte und Übergangsphänomene, S. 82-104 in Psychologie der zwischenmenschlichen Beziehungen hgg. Peter Kutter, 1082
[2] S.S. 37f, Helmut Harsch: Alkoholismus, 1990

und ihr gegenüber benachteiligt. Den aggressiven Wunsch der Mutter, die Klientin als unerwünschtes Kind eventuell schon vor der Geburt noch durch Abtreibung wieder loszuwerden, wird sie mit übertriebener Liebe zugedeckt haben. Nur so wird sie ihr Leben in dieser alkoholkranken Familie[3] haben bewältigen können. Diese starke, ihre Aggressionen überdeckende Liebe saugte die Klientin gleichsam immer noch aus den Briefen der Eltern. So wird die Interaktion zwischen Mutter und Tochter in ihrer "materiellen wie emotionalen Komponente"[4] durch die Überkompensation ihrer negativen Gefühle gegenüber der Tochter geprägt gewesen sein. Als Konsequenz hatte die Klientin nicht gelernt, mit ihren eigenen negativen Gefühlen anders umzugehen, als sie ebenso durch übergroße Liebe zu kompensieren.

3.3.1.2. Nächstenliebe

Ihre eigenen Bedürfnisse aber wird die Klientin, vermutlich von Kindheit an nicht anders haben befriedigen können, als dass sie für andere sorgte. Da ihr eigener Vater auch schon Alkoholiker war, hat sie die ihr vom Elternhaus bekannten Beziehungsstrukturen, trotz ausdrücklicher Warnung ihrer Mutter, auch in ihrer eigenen Ehe wiederholt. Statt sich versorgen zu lassen, sucht der oral blockierte Depressive einen anderen, für den er selbst sorgen und sich verausgaben kann. "Er geht mit dem anderen so um, wie er wünscht, dass der andere mit ihm umgehen möge, und genießt das, indem er

[3] S.S. 37f, ebd.
[4] S.S. 25 Karl König, Kleine psychoanalytische Charakterkunde, 1993

sich mit dem anderen über dessen Versorgtwerden freut."[5] In der altruistischen Abtretung nach Anna Freud[6] konnte die Klientin ihre eigenen oralen Wünsche nicht nur in der Fürsorge für ihren Mann, sondern auch in der Aufopferung für ihre Töchter befriedigen.

Ihre Fürsorglichkeit gegenüber ihren Töchtern gingt so weit, dass sie die Witwenrente, die sie seit dem Suizid ihres Mannes bekam, nicht selbst verbrauchte, sondern auf ihre beiden Töchter aufteilte. Sie selbst ging stattdessen lieber zur Arbeit, um ihren Lebensunterhalt zu verdienen. In ihrem gestörten Urvertrauen konnte sie offensichtlich nichts für sich nehmen. Nicht einmal nach seinem Tod konnte sie sich indirekt von ihrem Mann versorgen lassen. Vielleicht hinderten sie aber auch ihre Schuldgefühle daran, die Witwenrente für sich zu verbrauchen. Obendrein aber hielt sie ihre Töchter dadurch weiter von sich abhängig.

Karl König bezeichnet dieses Verhalten als "projektive Identifizierung vom Konfliktentlastungstyp: Eigene orale Strebungen werden im Gegenüber untergebracht und können so genossen werden, dort aber auch begrenzt werden."[7] Die begrenzte oder in unserem Fall streng kontrollierte Befriedigung der Bedürfnisse ihrer Töchter spiegelte so auch die Blockierung der eigenen Oralität der Klientin wieder.

---

[5] s.S. 50 ebd.

[6] S.S. 96, Anna Freud: Das Ich und die Abwehrmechanismen, 1978

[7] S.S. 50, Karl König, Charakterkunde

3.3.2. Die Begrenzte Befriedigung

Die Begrenzung der Befriedigung der Bedürfnisse wirkte aber bei den beiden Töchtern unterschiedlich. Bei der „älteren Tochter E. (32) fiel die Begrenzung durch die Mutter zusammen mit ihrer eigenen oralen Hemmung. Karl König schreibt: "Solche Beziehungen gehen gut, solange sich die Rollen nicht zu stark polarisieren."[8] Bei der jüngeren Tochter A. (29) ging die Polarisierung weiter, allerdings nicht so weit wie beim Ehemann. Er hatte sich von seiner Ehefrau soweit altruistisch wie ein Kind versorgen lassen, dass er immer passiver wurde und an ihre Versorgung immer höhere Ansprüche stellte. Auf diese Weise bekam die Ehefrau nicht einmal mehr das wenige, was sie von Haus aus zu ihrer eigenen Versorgung brauchte und zugleich ertragen konnte. Als er aber schließlich nur noch seinen Alkoholismus pflegte, musste sie nicht nur die Versorgung von Haushalt und Kindern leisten, sondern auch noch Geld dazu verdienen. Sie musste also nicht mehr nur ihre Aufgaben als Ehefrau, Hausfrau und Mutter erfüllen, sondern auch noch die traditionelle Rolle des Ehemannes mit übernehmen und das Geld für den täglichen Unterhalt verdienen. So wurde sie notgedrungen immer mächtiger und er immer ohnmächtiger.

In ihrer Bedürfnislosigkeit kam sie dann aber vermutlich doch an eine Grenze. Sie hatte das Gefühl zu kurz zu kommen. Den Ehemann dagegen wird sein schlechtes Gewissen geplagt haben, weil sie jetzt

[8] S.S. 51 ebd.

alles und er nichts mehr zur Versorgung der Familie tat. Das wird ihn in seinem Selbstwertgefühl noch mehr geschwächt und noch depressiver gemacht haben. Davor wird er dann im Alkohol Trost gesucht haben, ohne "seine Frau" damit "belasten zu müssen." "... im Endeffekt belastet(e) sein Trinken sie dann aber in anderer Weise, so dass der Mann hier auch die abgewehrte Enttäuschungsaggression, die sich gegen seine nur unwillig versorgende Frau richtet(e), unterbringen (konnte)."[9] Schließlich und endlich hat sich diese Aggression dann unbewusst gegen ihn selbst gewandt und in dem dramatischen Suizid entladen. Sein verzweifelter Akt der Objektsicherung[10] endete tödlich. Die Frage ist nur, ob sich bei der jüngeren Tochter das gleiche Spiel wiederholen könnte.

4. Die Planung der Beratung

4.1. Arbeitshypothesen

Die altruistische Beziehung zwischen Mutter und Töchtern musste ich der Klientin zunehmend bewusst zu machen versuchen. Die Kollusion[11] zwischen der Macht der Klientin und der Ohnmacht des alkoholabhängigen Ehepartners, der die unbewusste Ohnmacht der Klientin lebte, wiederholte sich in der Beziehung zwischen der Mutter und der jüngeren Tochter. Die suizidalen Erpressungsversuche des Mannes wie der Tochter antworteten auf den erdrückenden Machtanspruch der Klientin. Die Interventionen des Beraters müssten konsequent das Ziel der Ich-Stärkung der Klientin verfolgen gegen

[9] s.S. 51 ebd.
[10] s.S. 87 Jürgen Kind: Suizidal, 1992
[11] s.S. 99 Jürg Willi: Die Zweierbeziehung, 1990

ihren fast grenzenlosen Altruismus. Die Hauptrichtung der Interventionen des Beraters sollte auf zunehmende Abgrenzung nicht nur gegenüber den Töchtern gerichtet sein.

4.2. Die Kontrolle der Gegenübertragung

Die Frage war nun, wie sich diese Hypothese in der Beratungssituation mit einer solchen Mutterfigur würde bewähren können. Die Gegenübertragungsklärung erlebte ich in der Supervision als einen Arbeitsgang, der auf den Ergebnissen meiner Psychoanalyse aufbaute. Das Arbeiten mit der eigenen Gegenübertragung in der Beratung erfuhr ich als einen weiteren Entwicklungsschritt. Das war besonders Thema in der Einzelsupervision mit dem Mentor, aber auch in der Gruppensupervision des Teams der Beratungsstelle, aber auch in der Selbstanalyse.[12]

Da ich aber in der Anfangsphase der Beratung wegen des Urlaubs meines Mentors keine Möglichkeit zur Einzelsupervision hatte, wollte ich nun gegen Ende des Beratungspraktikums versuchen, alleine mit der Entwicklung der Übertragung der Klientin und meiner Gegenreaktion[13] zurechtzukommen.

Sie auszuschalten würde mir nicht gelingen. Das war mir klar. Mir sie ständig neu bewusst zu machen, wollte ich versuchen. Da ich später die Möglichkeit der Supervision noch nutzen konnte, wollte ich es wagen. Wenn diese Voraussetzung nicht erfüllt gewesen wäre, dann hätte ich die Beratung vielleicht besser nicht übernommen.

[12] s.S. 179ff., Karl König,: Gegenübertragungsanalyse, 1993

[13] s.S. 16, Karl König: Gegenübertragungsanalyse 1993

Gefühlsmäßig deutlich war mir, dass es mir leichter fiel, die Klientin nicht zu enttäuschen, als ihr abzusagen. Die Versuchung, sie doch noch loszuwerden, wurde mir bei der Besprechung dieser Arbeit[14] bewusst. Meine Hypothese, dass eigentlich die Tochter Beratung brauchte und nicht die Mutter, konnte als Versuch gedeutet werden, die Mutter doch noch loszuwerden.

4.3. Die Prognose

Die Prognose, dass die Beratung eine Ich-Stärkung der Klientin erreichen könnte und eine Minderung ihrer Trennungsangst gegenüber ihren Töchtern und eine zunehmende Entdeckung ihrer eigenen Bedürfnisse und eine Stärkung der Abgrenzung gegenüber den Töchtern, beurteile ich als gut. Die Klientin verfügte über einige Kraftreserven. Sie hatte die Krisen ihres Lebens erstaunlich gut überlebt, zwar nicht ihr Ehemann aber doch ihre Töchter, wenn auch unterschiedlich gut. Wenn sie in Zukunft weniger "auf Kosten" anderer leben müsste, dann könnte sie selbst mit weniger Schuldgefühlen anderen gegenüber leben.

4.4. Die Vereinbarung

Am Ende der ersten Sitzung versuchte ich, mit der Klientin eine Vereinbarung zu treffen, nach der die Beratung laufen könnte. Zuerst fragte ich sie, ob ich ihre Anfrage an meine Qualifikation befriedigend beantwortet hätte. Sie meinte, dass sie sich von mir beraten lassen

[14] Das Gespräch hat am Freitag, dem 16.9.94 vormittags im Sozialpsychologischen medizinischen psychologischen Institut (Smpl) stattgefunden.

könne. Ich meinerseits sagte ihr, dass ich es mir auch vorstellen könne sie zu beraten.

Wir vereinbarten wöchentlich ein Beratungsgespräch zu 50 Minuten, möglichst nachmittags nach Dienstschluss der Klientin. Nach den ersten fünf Stunden würde ich dann gerne mit ihr überlegen, ob und wie wir weiter verfahren.

Wegen der Kosten fragte sie, ob wir eine Möglichkeit hätten, die Beratung über ihre Krankenkasse abzurechnen. Als Sekretärin in der Aufnahme eines Krankenhauses wollte sie das nicht unversucht lassen. Das ist aber in den Beratungsstellen nicht möglich. Für die Beratung werden die Klienten gebeten, nach Selbsteinschätzung einen Kostenbeitrag zwischen DM 30.- und 50.- pro Stunde zu bezahlen. Die Klientin erklärte sich bereit, DM 30.- pro Sitzung zu bezahlen. Nach meinem Eindruck von ihrer materiellen Situation fand ich das wenig. Anderen Klienten, die weniger Geld hatten, war meine Beratung mehr wert. Aber vielleicht war es für sie die angemessene Bezahlung für die minderere Qualität meiner Beratung gegenüber der durch die Ärztin, zu der sie eigentlich wollte.

5. Der Beratungsprozess

5.1. Das zweite Gespräch

5.1.1. Vorüberlegungen

Vor dem zweiten Gespräch habe ich mich anfangs richtiggehend gefürchtet. Wie kann ich mich vor dieser übermächtigen Mutter schützen? Wie kann ich vermeiden, dass sie mir das Heft aus der

Hand nimmt? Wie kann ich vermeiden, mich von ihr in die Defensive drängen zu lassen? Der Klientin etwas davon zu erzählen, d.h. jetzt schon eine Gegenübertragungsdeutung[15] zu machen, wäre sicher verfrüht gewesen. Sie würde sie entweder gar nicht verstehen, wie es bei vorzeitigen Deutungen häufig der Fall ist, oder sie würde sie in ihren Zweifeln an meiner fachlichen Qualifikation bestätigen. Die hatte sie im ersten Gespräch für mich kränkend genug angefragt. Sie hatte mir signalisiert, dass ich für ihre Ansprüche nur zweite Wahl sei. Die Ärztin, zu der sie wollte, hatte zu lange Wartezeiten. Mit dem von ihr genannten Anmeldegrund konnte sie, nach meiner Einschätzung bei ihr auch gar nicht so schnell ankommen. Sie hatte sich ja nicht wegen eines eigenen Problems angemeldet.

Mit solchen Überlegungen habe ich versucht, dem Druck, den ich fühlte, zu begegnen ohne die Klientin entweder „äußerlich loszuwerden oder wenigstens innerlich mich von ihr zu distanzieren. In beiden Fällen, fürchtete ich, würde ich meiner Gegenübertragung nicht standhalten können. Wie aber konnte ich mich davor wirksam schützen? Und wie konnte es mir gelingen, der Klientin wirklich zu nützen. Die Gefahr bestand, dass sie mich entweder als einen unfähigen Berater erlebte, den sie nicht ernst nehmen konnte, oder dass ich mehr oder weniger versteckt aggressiv auf sie reagieren würde, so dass ihr ohnehin schwaches Selbstwertgefühl noch tiefer gekränkt würde. Wie konnte ich als Berater aus dieser Zwickmühle herauskommen?

[15] S.S. 129f. Karl König: Gegenübertragungsanalyse, m1993

Erleichtert war ich, als mir wieder einfiel, dass sie ja auch ihre für mich sympathischen Seiten hat. Ich erlebte sie ja nicht nur als übermächtige Mutter, sondern auch als sympathische und tüchtige Frau, die ein schweres Schicksal mit bewundernswerter Kraft und Geschicklichkeit gemeistert hatte. Nur diese Leistung zu idealisieren, würde der Klientin wiederum nicht nützen. Denn in ihrem Selbstgefühl gab es nach meiner Deutung ja fast nur die Alternative zwischen unbewusster Ohnmacht oder übersteigerter Allmacht. Sie selbst neigte ohnehin dazu, die wenigen positiven Seiten ihres Lebens ins Grandiose zu übersteigern. Damit versuchte sie, das Gefühl tiefer Ohnmacht möglichst unbewusst zu halten.

In diesem Verhalten kommt möglicherweise auch noch ein nazistischer Anteil ihrer Persönlichkeitsstruktur zum Vorschein. Da die Klientin in einer Alkoholikerfamilie aufgewachsen war, kann man vermuten, dass sie von der Mutter, deren Kräfte in der Sorge um den Ehemann gebunden waren, nicht genügend Zuwendung bekommen hatte. Karl König sagt, bei einem nazistischen Menschen formt sich bei mangelnder Bestätigung von außen "gleichsam kein Behältnis aus, in dem er Bestätigung speichern könnte." Dafür sprach das schwache Selbstbewusstsein der Klientin. Sie wird darum "auf ständige oder in kurzen Abstanden wiederholte Bestätigung angewiesen bleiben." Die entsprechende nazistische Zufuhr konnte sich die Klientin in der Beziehung zu ihren Töchtern holen. Es kann aber auch geschehen, "dass nazistische Menschen dann, wenn ihnen Bestätigung aufgedrängt wird, in einen sogenannten nazistischen

Erregungszustand geraten, der beängstigende Omnipotenzphantasien aktiviert."

Mein bewusster Vorsatz war es, ihr meine Sympathie nur begrenzt zu zeigen, um nicht ihre Omnipotenzgefühle zu verstärken. Einerseits wollte ich meine Sympathie vorsichtig dosieren und andrerseits meine Angst vor ihrem mütterlichen Machtanspruch vorsichtig hüten.

5.1.2. Die kontrollierte Gegenübertragung

Vom Anfang des zweiten Gespräches an versuchte ich, der Beziehung zu ihr die entsprechende emotionale Tönung zu geben. Ich versuchte, ihr auf der verbalen wie auf der nonverbalen Ebene meine begrenzte Sympathie zu zeigen. Meine Angst vor der Übermutter versuchte ich zu kontrollieren. Ich konzentrierte mich in meiner Wahrnehmung auf ihre mir sympathische Seite, die menschliche Wärme, die ich an ihr spürte. Gegenüber ihrer Grandiosität versuchte ich kritische Distanz zu wahren. Die angestrebte Balance konnte ich einigermaßen wahren. Einerseits habe ich mich dabei ihr gegenüber viel wohler gefühlt, andererseits hat auch die Klientin dann so viel Zutrauen zu mir gefasst, dass sie mit mir über eine Kränkung sprechen konnte, die sie im ersten Gespräch durch mich erlitten hatte. Aber sie konnte dann auch von ihrem schweren Schicksal erzählen, das sie hatte ertragen müssen.

Beim ersten Gespräch hatte sie erzählt, dass eine ihrer Töchter sie als "Übermutter" bezeichnet hatte. Ich hatte sie mit dieser Bezeichnung konfrontiert. Bei ihr kam es aber so an, als teilte ich die Meinung ihrer

Tochter. Das traf gefühlsmäßig auch zu. Sie hatte es vermutlich auch so gespürt. Von mir damit konfrontiert, hat sie das tief gekränkt. Das hat sie die ganze Woche beschäftigt. Nun brachte sie das zu Beginn des Gespräches vor. Sie habe sich durch mich sehr gekränkt gefühlt. Aber sie wagte es nicht, mir das direkter zu sagen. Aber sie musste auch einräumen, dass sie das Wort selbst ins Gespräch eingebracht hatte. Da es aber ein Unterschied ist, ob die eigene Tochter das sagt, oder der Berater das aufnimmt, war die Kränkung vermutlich durch meine Spiegelung verschärft.

Jenseits aller Kränkung musste sie sich aber selbst eingestehen, dass ihre Tochter recht hatte. Da sie das aber nicht zugeben konnte, ging sie weiter und erzählte, ihre Tochter habe ihr darüber hinaus sogar noch vorgeworfen, sie sei wie der "liebe Gott". Ich hatte den Eindruck, dass sie dadurch einer weiteren Kritik vorbauen wollte. Anna Freud beschreibt den Abwehrmechanismus der Identifikation mit dem Aggressor wie folgt: Das Ich "introjiziert die kritisierende Autorität als Über-Ich und ist imstande, seine verbotenen Regungen nach außen zu projizieren."[16]

Da ich aber in dem Streit nicht eindeutig Stellung bezog, sondern Ihr helfen wollte, ihre Kränkung zu verkraften, kam sie nun auf die andere Seite zu sprechen. Sie habe sich ihrer Tochter aber auch in ihrer Schwachheit gezeigt. Damit wollte sie sich von dem Vorwurf reinigen, eine "Übermutter" zu sein oder gar wie der "liebe Gott". Meine Konfrontation hatte sie getroffen. Die Kränkung haben wir im

[16] S.S. 92, Anna Freud: Das Ich und die Abwehrmechanismen, 1978

Gespräch zu verarbeiten versucht. Die emotionale Atmosphäre des Gesprächs hat dies ihr vielleicht auch ein Stück weit erleichtert. Jedenfalls war sie so, dass sie anschließend von ihrem furchtbaren Schicksal mit ihrem Ehemann erzählen konnte.

5.1.3. Der Suizid des Ehemannes

Von der schrecklichen Geschichte vom Suizid ihres Ehemannes ist mir folgendes in Erinnerung geblieben: Nachdem die Kinder endlich groß genug waren, die ältere Tochter war 24 und die jüngere 21, habe sie ihren Mann verlassen. Die "Kinder" hatten bei Freunden Unterschlupf gefunden. Sie selbst sei in Hamburg bei ihrer Schwester und ihrem Schwager untergekommen. Sie habe aber immer wieder mit ihrem Mann telefoniert. Sie wollte offenbar nur hören, dass er ohne sie nicht zurechtkäme.

Da sie aber weder für ihre Töchter noch für sich genügend Kleidung mitgenommen hatte, habe sie einen Besuch bei ihrem Mann mit ihm vereinbart. Die erwachsenen Töchter konnten offensichtlich nicht für sich selbst sorgen und sie musste zuerst an sie und dann erst an sich denken. Der Ehemann hatte aber inzwischen im Haus alle Fensterritzen verklebt und alles verdunkelt. Zum Zeitpunkt ihres Besuches habe er das Haus mit Gas gefüllt. Er wollte, dass sie es mit einer von ihm gebastelten Vorrichtung in die Luft sprengte und ihn dabei umbrächte. Die Explosion sollte durch die Elektrik der Haustürklingel ausgelöst werden, wenn sie sie betätigte. Als sie auf dem Weg zu ihm war, sei ihm aber offensichtlich etwas schiefgegangen. Die Explosion wurde vorzeitig ausgelöst. Er war tot, und vom Haus blieb nur eine

Ruine übrig. Plünderer hatten sich daran bereichert. Sie hätte es dann entschuttet und wieder aufgebaut und es zunächst selbst wieder bewohnt. Dann aber habe sie es vermietet und schließlich verkauft. Der Suizid ihres Mannes sei für sie ein „schrecklicher Glücksfall“ gewesen.

Ich habe mir diese dramatische Schilderung wie gebannt angehört. Ich war davon gefangengenommen wie von einem spannenden Krimi. Durch die Art der Schilderung war mir aber die Wirklichkeit abhanden gekommen. Die Szenen rollten vor meinem inneren Auge ab wie ein Film. Ich war erschüttert, aber es war für mich schwer unterscheidbar, ob vom Tod des Ehemannes oder von der dramatischen Inszenierung.

Durch sie versucht die Klientin ihr Trauma zu verarbeiten. Sie tat dies, indem sie ihn als „schrecklichen Glücksfall“ darstellte. Dass der Ehemann so die Tragödie ihrer 25 jährigen Alkoholikerehe beendete, empfand sie wie das Geschenk eines zweiten Lebens. Die Klientin versucht dadurch nach meinem Eindruck, die Gefühle von Ohnmacht, Scheitern und Versagen zu verscheuchen. Sie kam mir vor wie ein Kind, das im Keller eine schaurige Ballade singt, damit es sich nicht vor dem fürchten muss, was im Dunkeln in ihm aufsteigen will. Die kompensatorische Leistung der Klientin aber schien mir so groß zu sein wie ihre Angst. Ich fürchtete, dass ihre latente Depression aufbrechen würde.

So sehr ich mich einerseits vor der Übermacht dieser Mutter fürchten konnte, so sehr fing ich nun an, mich davor zu fürchten, dass der angestaute Jammer und das Elend ihres Lebens bei ihr durchbrechen könnte. Ich fürchtete, sie könne wie ein aufgeblasener Ballon ein Loch bekommen und in sich zusammensinken. Daran wollte ich nicht so gerne schuld sein. Vielleicht ging ich nicht nur deswegen so vorsichtig mit ihr um, weil ich sie fürchtete, sondern auch weil ich Angst hatte, ich könnte die gewaltige Fassade zum Einsturz bringen. Vielleicht war sie gar selbst suizidgefährdet.

6. Die Supervision[17]

Die Supervision durch den Mentor erlebt ich während des gesamten Praktikums an der Beratungsstelle als schmerzhaft und hilfreich. Schritt für Schritt lenkte der Mentor meinen Blick von den Klienten weg auf mich selbst und meine Gefühle. Im ersten Schritt hat mich der Supervisor so auf meine Gegenübertragungsgefühle aufmerksam gemacht. Und wenn ich meinte, keine zu haben, dann hat er mir geholfen, sie mir bewusst zu machen. Das Bewusstmachen der Gegenübertragung empfand ich teilweise als recht schmerzhaft. Immer wieder dachte ich, es sei ein Fehler, gerade so zu empfinden und nicht anders. Lieber dachte ich, würde ich keine solchen Fehler machen. Durch die behutsame Intervention des Mentors habe ich dann aber gelernt, dass meine Gegenübertragungsreaktionen mein ureigenstes Material sind, das mir zur Deutung und zur Gestaltung meiner Beziehung zu den Klienten zur Verfügung stand. Wenn ich sie vermeiden wollte, oder mir andere wünschte, dann müsste ich ein anderer Mensch sein. So lernte ich in der Supervision, dass meine

[17] Dieses Kapitel bezieht sich auf den Aufsatz von Betty Raguse-Stauffer: Was wirkt Supervision? WzM 46, 8, 1994 S. 442-455

Persönlichkeit das Instrument der Beratung ist und dass selbst meine verrücktesten Reaktionen keine Fehler sind, sondern das Material, an dem ich in der Supervision arbeiten kann. In der Beratung kann ich es dann kontrolliert verwenden und gezielt einsetzen zur bewussten Gestaltung der Beziehung zum Klienten.

6.1. Die Supervisionsbedürftigkeit

Da ich den Fall am Ende der Sommerferien übernommen hatte und es vor Anfang November für mich keine Möglichkeit zur Supervision gab, entstand in mir ein zunehmendes Bedürfnis danach. Beim ersten erlebt Termin nach der Urlaubszeit hatte ich die Erfahrung von vier Beratungsgesprächen mit der Klientin einzubringen.

6.1.1. Die Angst des Beraters zu versagen

Wie schon dargestellt, hatte ich Angst, von der Klientin vereinnahmt zu werden. Ich musste mich hüten, von ihr als Berater depotenziert oder, in der Freudschen Begrifflichkeit, kastriert[18] zu werden. Der Druck, unter den der Klient den Berater unbewusst setzen kann, "kann ein Ausmaß annehmen, bei dem der (Berater) in den Behandlungsstunden zeitweise sich nicht mehr in der Lage fühlt, eigene Gedanken zu haben."[19] Angesichts des Druckes, unter dem ich mich zeitweise fühlte, wusste ich manchmal wirklich nicht mehr, wie ich mich vor der Klientin retten sollte.

Außerdem hatte ich Angst, am Anfang der Beratung einen entscheidenden Fehler zu machen, der so leicht nicht zu revidieren

[18] S.S. 246, Sigmund Freud: Sexualleben, Studienausgabe Bd.V, 1972
[19] S.S. 452, Betty Raguse-Stauffer ebd.

sein würde. Es bestand die Gefahr, entweder mich von der Klientin unterbuttern zu lassen, oder mich von ihr zum Machtkampf verleiten zu lassen.

Auch hatte ich Angst in Reaktion auf diese beiden Versuchungen, zu vorsichtig mit ihr umzugehen. Ich hatte Angst, sie versehentlich zu kränken und dadurch mir ihren Zorn zuzuziehen.

Es bestand auch die Gefahr, dass ich mich dazu verleiten ließe, mich in meine Bewunderung für sie zu flüchten und dadurch ihre Allmachtsgefühle versehentlich zu stärken.

All diese Gefahren, die ich witterte, konnten mich auch dazu verleiten, sie loszuwerden. Zeitweise hatte ich Lust, die Klientin zu der Therapeutin zurückzuschicken, zu der sie ursprünglich gehen wollte. Das hätte obendrein den Vorteil gehabt, dass die Krankenkasse ihre Behandlung bezahlt hätte. Ich merkte, dass ich auch deswegen ein schlechtes Gewissen ihr gegenüber hatte.

6.2. Supervision als emotionale Entlastung

Alle diese Fragen und Probleme drückten und drängten mich, sie endlich mit dem Supervisor zu besprechen. Inzwischen war zusätzlich auch die Entscheidung gefallen, dass ich diesen Fall in der meiner Abschlussarbeit darstellen sollte. Bei der ersten Gelegenheit dazu habe ich dann erst einmal meine Zeit gebraucht, um den Fall zu berichten. Dabei merkte ich, dass schon dies eine große Erleichterung für mich bedeutete. Diese Erfahrung entsprach dem, was Betty Raguse-Stauffer in ihrem Artikel in "Wege zum Menschen" dargestellt hat.[20] Schon allein die Tatsache, jemandem von seinen Problemen im Umgang mit einem Klienten erzählen zu können, kann dem Supervisanden Erleichterung und emotionale Entlastung verschaffen. Um diese Funktion zu erfüllen, braucht der Supervisor noch gar keine besondere Ausbildung zu haben. Ich vermute, dass diese Funktion auch im "mutuum colloquium fratrum" kollegialer Gespräche zum Teil erfüllt werden kann. Dies scheint z.B. auch das Geheimnis der Selbsthilfegruppen zu sein.

Aus psychoanalytischer Sicht hilft der Supervisor schon allein durch sein Dasein gleichsam automatisch dem Supervisanden, sich von seinem Klienten zu distanzieren. Die Distanz ist Voraussetzung für die notwendige Reflexion des Falles. Das wörtlich verstandene Sich-über-den-Fall-Beugen oder Auf-ihn-zurück-Schauen hilft, ihn als ein Drittes zwischen sich und den Supervisor zu stellen. Damit wäre nach Freud das ödipale Dreieck, die Triangulierung hergestellt. Die Gefahr des Supervisanden, in Identifizierung mit der Klientin symbiotisch zu verschmelzen oder sich von ihr vereinnahmen zu lassen, wäre damit zunächst einmal gebannt. Der Supervisor kann als väterliches abgrenzendes Element die Verschmelzung mit der Mutter zu verhindern helfen.

Die bloße Erinnerung an die Möglichkeit der Supervision während eines Beratungsgespräches kann dem Berater zu dieser notwendigen Distanzierung verhelfen. Schon das kann ihm helfen, die Gefahr der symbiotischen Verschmelzung zu vermeiden. Hilfreich kann dann in

[20] S.S, 452, Betty Raguse-Stauffer ebd.

der Beratungssituation auch sein, auf die äußeren Bedingungen zu achten. Mir hat es in der Situation, als die Klientin mir die zeitliche Strukturierung aus der Hand nehmen wollte, geholfen, mich daran zu erinnern, dass ich in der Supervision gelernt hatte, dass der Berater auf die Einhaltung des Settings zu achten hat und nicht der Klient die Beratungssituation seinen Bedürfnissen anpassen darf.

6.3. Supervison als Differentialanalyse

Die fachliche Qualifikation des Supervisors spielt erst dann eine Rolle, wenn seine eigene Gegenübertragung ins Spiel kommt. Diese Kontrolle unterscheidet die Supervision von dem entlastenden Gespräch mit hilfreichen Freunden und Kollegen. Das Bild, das der Supervisand sich von der Klientin macht, ist in der Regel von der Identifizierung mit ihr geprägt. Das Bild, das durch die Erzählung des Supervisanden im Supervisor entsteht, ist von dessen Persönlichkeitsstruktur abhängig. In jedem Fall unterscheiden sich diese beiden Bilder wie Fingerabdrücke. Ich fand es besonders hilfreich, dass der Supervisor mit seiner deutlich differenten Gegenübertragung auf meine Erzählung von der Klientin reagierte. Er empfand sie, wenn ich das richtig behalten habe, eher als bedauernswert wegen ihrer unrealistischen Einstellung gegenüber ihren Töchtern. Die Differentialanalyse der verschiedenen Bilder vom Klienten kann dazu helfen, dass es mehrdimensional und damit plastischer werden kann. Nach Raguse-Stauffer hilft so der Supervisor als hilfreicher Dritter[21] dazu, den Fall als Drittes der Gefahr der symbiotischen Einschmelzung zu entreißen.

6.4. Die Projektive Identifizierung

Unter bestimmten Umständen kann der Berater sich vom Klienten so unter Druck gesetzt fühlen, dass er nicht mehr weiß, was er denken soll. "In diesem Zustand auf die Idee zu kommen, dass es sich um projektive Identifizierung handeln könnte, ist vor allem für einen" Ausbildungskandidaten "alles andere als selbstverständlich."[22]

Das Phänomen der projektiven Identifizierung wurde zum ersten Mal von Melanie Klein beschrieben. Es ist in der Supervision deswegen besonders schwer zu erkennen, weil es meist die Beziehung zwischen Supervisor und Supervisand unerkannt beeinflusst. Melanie Klein[23] hat die Projektive Identifizierung als Abwehrmechnismus des sehr kleinen Kindes beschrieben. Ihr Schüler, Winfried R.Bion hat sie dann als präverbale Kommunikationsform des Säuglings mit der Mutter gesehen. Thomas Ogden hat dann weiter ihre Rolle im Wechselspiel von Übertragung und Gegenübertragung dargestellt. Er gliedert sie in vier Schritte:

6.4.1. Projizierung unbewusster Gefühle

Der Klient projiziert Gefühle, die er selbst nicht aushalten kann, in den Berater. Die Projektion funktioniert auf schwer erklärbare Weise durch Induktion unbewusster Gefühle und Impulse. Im Fall meiner

---

[21] S.S. 449, Betty Raguse-Stauffer ebd.
[22] S.S. 452 Betty Raguse-Pfeiffer ebd.
[23] S.S. 451 dto.

Klientin induzierte sie in mir das Gefühl tiefer Hilflosigkeit und Ohnmacht, das ihr selbst unbewusst war. Sie selbst erlebte nur die Reaktionsbildungen auf dieses Grundgefühl. Sie versuchte, seinem Strudel durch Hyperaktivität und Tüchtigkeit zu entkommen. Das ihr unbewusste Grundgefühl delegierte sie aber an mich. Nach Karl König wäre es eine projektive Identifizierung vom Konfliktentlastungstyp.[24]

6.4.2. Der Druck, sich danach zu verhalten

Nach Ogden versucht der Klient im zweiten Schritt, den Berater so unter Druck zu setzen, dass er sich diesem unbewussten Gefühl z.B. der Ohnmacht gemäß verhält. Der Berater ist dann unter Umständen so geblendet, dass er gar nicht auf die Idee kommt, dass die Klientin selbst sich ohnmächtig fühlen könnte. Im anderen Fall wird er die komplementäre Rolle des Helfers spielen, oder er wird in die ebenfalls komplementäre Hilflosigkeit verfallen, in die ihn die Klientin unbewusst hinein bugsiert.

6.4.3. Der Wunsch, dass er damit umgehen kann

Insgeheim hat die Klientin nach Ogden aber doch den Wunsch, dass der Berater mit dem für sie unerträglichen Gefühl z.B. der Ohnmacht umgehen kann. In diesem Wunsch gründet auch die Motivation der Klienten, Hilfe beim Berater zu suchen.

[24] S.S. 22 Karl König: Gegenübertagungsanalyse

6.4.4. Die Reintrojektion

Wenn der Berater in der Lage ist, diese gefährlichen Gefühle z.B. der Ohnmacht zu ertragen, dann kann er sie im Sinne des Bionschen Containers[25] entschärfen und entgiften. In gleichsam bekömmlicher Form kann er sie ihr dann wieder reintrojizieren. Wenn die Klientin das Gefühl z.B. der Ohnmacht in der entgifteten und entschärften Form als Gefühl der Trauer wieder aufnehmen kann, dann besteht vielleicht die Möglichkeit, dass sie den Abstand zu ihren Töchtern aushalten kann, ohne vor Angst, sie gänzlich zu verlieren, sie wieder an sich zu binden.

6.5. Supervision als Prüfungssituation

Projektive Identifizierungen sind nicht nur schwer erklärbar, sie sind auch unter Umständen für den Berater so schwer zu erkennen, wie sie für den Klienten auszuhalten sind. Ehe der Berater sich den Wunsch erfüllt, sie loszuwerden, sollte er sie dem Supervisor introjizieren. In der Supervison wird die projektive Identifizierung sich dann "spiegeln". Sie kann dann erkannt und bearbeitet werden. Wird sie nicht erkannt, dann kann sie den Supervisionsprozess behindern oder gar zum Erliegen bringen. Im Supervisor kann das Gefühl entstehen, die Supervison bringe nichts mehr. Dann kann der Supervisor nicht mehr als der hilfreiche Dritte wirken, sondern befindet sich unbewusst in dyadischer Symbiose mit dem Supervisanden.

[25] Wilfried Bion: Lernen durch Erfahrung, Suhrkamp 1990

Wird dieses Gefühl nicht vom Fall ausgelöst, dann kann es auch vom Supervisanden ausgelöst sein. Die Supervisionssituation muss auch vom Supervisanden bewältigt werden. Sie kann als latente, oder wenn der Supervisor zugleich sein Prüfer ist, auch als explizite Prüfungssituation erlebt werden. Aus dem hilfreichen Dritten kann dann nach Raguse-Stauffer[26] ein verfolgender Dritter werden.

Die Angst vor Beurteilung und Kränkung kann den Supervisionsprozess dann ebenfalls behindern oder gar blockieren. Das kann dann dem Supervisor gegenüber dazu führen, dass der Supervisand nur noch scheinbar sichere Fälle einbringt, mit denen er hofft, sich keine Blöße zu geben. Damit kann die Supervision nicht mehr bewusstseinserweiternd wirken. Oder der Berater gerät seinen Klienten gegenüber unter Erfolgsdruck, so dass die Beratung dadurch behindert oder gar blockiert wird.

7. Tiefenpsychologie und Pastoralpsychologie

Pastoralpsychologie ist für mich der hermeneutische Dialog[27] zwischen Tiefenpsychologie und Seelsorge. Seelsorge aber ist christlich-theologisch verantwortetes Handeln am Nächsten. Pastoralpsychologie und Seelsorge können sich durch verschiedene Orientierung unterscheiden. Pastoralpsychologie verschafft dem Seelsorger Einblick in seine eigene Persönlichkeit. Dadurch kann er unabhängiger werden von sich selbst und von anderen. Das eröffnet ihm aber auch Einblick in die Persönlichkeitsstrukturen dessen, der

[26] S.S. 454, Betty Raguse ebd.
[27] S.S. 315 -327, Paul Ricoer: Hermeneutik und Psychoanalyse, 1974

ihn seelsorgerlich in Anspruch nimmt. Solche Einsicht aber kann durch Befreiung persönlichkeitsverändernd wirken. Auf theologischer Ebene und in der Sprache Jesu heißt das: Erst wenn der Seelsorger sich selbst zu lieben gelernt hat, dann kann er seinen Nächsten lieben wie sich selbst. Die Selbstannahme aber wird erst durch die Gottesliebe ermöglicht, die uns nach dem Grundgebot Jesu die Kraft dazu verleiht.[28]

7.1.Grundannahmen der Pastoralpsychologie[29]

7.1.1. Antinomische Grundstruktur

Alles seelische Erleben hat tiefenpsychologisch gesehen eine antinomische Grundstruktur. Ambivalente Gefühle liegen im Konflikt miteinander und drängen nach Lösung.

Die mütterlichen Gefühle meiner Klientin z.B. liegen im Konflikt mit dem Wunsch, dass ihre Tochter sich erwachsen und selbständig verhält. Der Konflikt besteht darin, dass die Töchter unvermeidlich etwas anderes darunter verstehen als die Mutter. Da dies für sie ihren unvermeidlichen Verlust bedeutete, versucht sie, sie in eine von ihr bestimmte Pseudo-Unabhängigkeit hinein zu manipulieren. Sie versucht eine Lösung, die diese zu verhindern sucht.

Auf der pastoralpsychologischen Ebene hieße das: Das Wort Jesu aus Matthäus 18,3 "Wenn ihr nicht umkehrt und werdet wie die Kinder, werdet ihr nicht ins Himmelreich kommen", erhält so einen eingeengten Sinn. Die Töchter sollen ihre Kinder sein und bleiben.

---

[28] Mt. 22,37-39

[29] S. Klaus Winkler: Pastoralpsychologie S 60-73 in R.Blühm u.a.: Kirchliche Handlungsfelder, 1993

Die Angst der Klientin, sie zu verlieren, engt den heilsamen jesuanischen Sinn des Wortes ein. Einerseits bleiben die Töchter ihr Leben lang ihre Kinder, weil sie sie ja geboren hat. Gleichzeitig müssen sie aber auf ihre Weise erwachsen sein, damit sie selbständig leben und selber wieder Eltern werden können.[30] Das Wort Jesu will auf die unausweichliche Antinomie des Erwachsenseins aufmerksam machen.[31] Den Grundkonflikt zwischen Kindsein und Erwachsensein aufzuzeigen, kann in pastoralpsychologischer Sicht "eine fruchtbare Spannung zu entdecken" helfen.[32] In ihr kann sich das heilsame Spiel zwischen Progression und Regression entfalten. Das christliche Symbol des Himmelreichs kann als Integral helfen, auf die Vereinbarkeit des Unvereinbaren zu hoffen. Sie kann vorbereitet aber nicht "gemacht" werden, sondern nur **ereignishaft** geschehen. Der pastoralpsychologische Umgang mit dem Grundkonflikt kann sich so spezifisch vom tiefenpsychologischen unterscheiden.[33]

7.1.2. Bewusstes und Unbewusstes

In tiefenpsychologischer Sichtweise spiegelt das Beziehungsgefüge, in dem ein Mensch aufwächst, sich in der Psyche eines Menschen wider. "Der Grundkonflikt besteht in den gleichzeitig wirkenden verbindenden und trennenden Anteilen."[34] Die spezifische Lebendigkeit menschlicher Kommunikation ist aber dadurch geprägt,

[30] S.S. 117 Generativität gegen Stagnierung in Erik Erikson: Identität und Lebenszyklus, 1966
[31] S.S. 53ff Klaus Winkler: Werden wie die Kinder? 1992der
[32] S.S. 64 Klaus Winkler: Pastoralpsychologie
[33] Benigne und maligne Regression s .Michael Balint: Therapeutische Aspekte der Regression, 1970
[34] S.S. 65 Klaus Winkler: Pastoralpsychologie

dass sie nicht einlinig ist, sondern von bewussten und unbewussten Anteilen gesteuert wird.

Die Grundkonflikte menschlicher Psyche wären aber von ihr nicht auszuhalten, wenn beide Seiten in gleicher Weise bewusst wären. So ist die Trennung von bewussten und unbewussten Anteilen lebensnotwendig, damit der Mensch nicht verrückt wird. Die Abwehr dient der Abwehr der Gefahr, dass das „Bewusstseins" von allen seinen Inhalten überschwemmt wird. Trotzdem bestimmen bewusste und unbewusste Anteile anteilig gleichzeitig menschliches Verhalten.

So ist die Beziehung meiner Klientin zu ihren Töchtern z.B. durch den bewussten Wunsch nach Unabhängigkeit und Selbständigkeit bestimmt, der aber durch ihre unbewusste Verlustangst konterkariert wird. Der aber treibt sie unbewusst dazu, das bewusst Gewünschte mit allen Mitteln zu verhindern.

In dem Konflikt zwischen Bewusstem und Unbewusstem kann es zu konfliktlösenden Entladungen z.B. durch sogenannte Symbolhandlungen kommen. Das Symbol, das so kommuniziert wird, hat nach Scharfenberg/Kämpfer[35] Brückenfunktion zwischen bewussten und unbewussten Vollzügen. Auf solche unbewussten Anteile aufmerksam zu machen, kann zwischenmenschliche Beziehungen auf eine befreiende Weise verlebendigen.

Nach Klaus Winkler[36] kann hier nun die pastoralpsychologische Reflexion ansetzen. Sie kann versuchen, die Kommunikationsstruktur

---

[35] Joachim Scharfenberg, Horst Kämpfer, Mit Symbolen leben, 1990

[36] S.S. 66, Klaus Winkler, Pastoralpsychologie

auf die Gottesbeziehung des Menschen transparent zu machen. Dabei kann die Transzendenz menschlichen Bewusstseins noch nicht gleichbedeutend sein mit der Transzendenz Gottes. Die Gottesbeziehung ist zwar auch unbewusst, aber nicht identisch mit dem Unbewussten. Glaubenssymbole haben nicht nur Brückenfunktion zwischen individuellem und kollektivem Unbewussten. Sie bedienen sich auch dieser Brücke. Alles was über sie geht ist zwar Symbol, aber nicht schon des Glaubens. Das Unbewusste verbindet, wie Karl Dienst[37] sagt: "Mit der göttlichen Wirksamkeit 'extra nos'."

Diese kann aber nach meiner Meinung in ihrer Besonderheit phänomenologisch noch näher beschrieben werden. Sie zeichnet sich durch kontingente[38] **Ereignishaftigkeit** aus. Was sich da ereignet, ist im eigentlichen Sinne unverfügbar. Es kann nicht gemacht werden, auch nicht vom besten Psychotherapeuten oder Seelsorger. Aber es zeichnet sich dadurch aus, dass es Befreiung, Veränderung, Heil oder gar Heilung wirken kann. Für mich ist es die Grunderfahrung von Transzendenz, auf der mein Pastoralpsychologisches Credo gründet. Von ihr her und auf sie hin kann und will ich versuchen, pastoralpsychologisch zu arbeiten.

7.1.3. Seelische Entwicklungsgeschichte

Das Lebensgefühl eines Menschen ist aus tiefenpsychologischer Sicht mitbestimmt durch sein "Herkommen"[39]. Die

[37] S.S. 399/405 in Karl Dienst: Sündenbekenntnis und/oder Heilung der Erinnerung? Festschrift für H.Gibb, 1989, zitiert nach Klaus Winkler, Pastoralpsychologie S. 67

[38] Der Kontingenz-Begriff wird gebraucht wie in der Existenzphilosophie der Heidegger-Schule z.B. bei Heinrich Rombach: Strukturontologie, 1970

[39] S.S. 67 Klaus Winkler, Pastoralpsychologie

Entwicklungspsychologie achtet seit Freud auf die individuelle Seelengeschichte, die immer zugleich Konflikt- und Beziehungsgeschichte ist. Dadurch wird die Verhaltensstruktur eines Menschen mit ihren bewussten und unbewussten Anteilen geprägt. Die Grundprägung ist abhängig von den nächsten Bezugspersonen. In jeder Begegnung wird diese Geschichte mehr oder weniger reproduziert.

Am Beispiel meiner Klientin lässt sich zeigen, dass sie, aus einer Alkoholikerfamilie kommend wie ihre Mutter, übrigens gegen deren eindringliche Warnung auch einen Alkoholiker geheiratet hat. Wie die Eltern hat sie zwei Töchter bekommen, die sie mit der gleichen überwertigen Liebe liebt, mit der sie auch von ihren Eltern geliebt worden ist. Der Grad der Gefährdung einer solchen Familie muss durch übergroße Liebe zugedeckt werden. Ambivalente Gefühle dürfen nicht zum Vorschein kommen, sonst wird die Angst virulent, dass das ganze Familiensystem zerbrechen könnte. Die aggressiven Anteile lebte allein der Ehemann, aber nur unter der pseudo-befreienden Wirkung des Alkohols. Der Rest der Familie musste um ihrer vermeintlichen Selbsterhaltung willen sie wieder mit der übergroßen Liebe zudecken.

Tiefenpsychologisch wird dies Verhalten als ein Geflecht von Übertragungen und Gegenübertragungen der Vergangenheit auf die Gegenwart gedeutet. Das konflikthafte Szenario z.B. der Alkoholikerfamilie, kann nicht auf der Sachebene realitätsnah aufgelöst werden. Man muss nach der genetischen Vorgeschichte und deren Auswirkungen auf die Gegenwart fragen. Die Einsicht in die Vorgeschichte des gegenwärtigen Konfliktes ermöglicht es, ihn zu verstehen. Das daraus folgende Verständnis für die Konfliktpartner ermöglicht es wiederum dem Berater, sich in deren Situation einzufühlen. Toleranz kann durch das Verstehen der Vorgeschichte entwickelt werden.

Pastoralpsychologie versucht, in der Seelsorge die tiefenpsychologische Deutung solcher Beziehungsstörungen auf die Ebene der Glaubensüberzeugungen zu übertragen. Der aktuelle Konflikt einer Familie z.B. kann durchschaubar werden, wenn nach der Herkunft der an ihm beteiligten Glaubensüberzeugungen geforscht wird.

In einer Zeit, in der die kritische Infragestellung von Glaubensüberzeugungen deren positive Wirkung oft schon überwiegt, kann deren negative Bedeutung[40] gleichgewichtig werden. Auch können sich heute im Zeitalter des Traditionsabbruchs Glaubensüberzeugungen im weltlichen Gewand verkleiden. Nach Verarmung der christlichen Symbolsprache[41] stellt sich die Frage, ob es säkulare Symbole gibt, in denen sich christliche Gehalte verbergen. Vielleicht entstehen so auch neue christliche Symbole, die dann erst noch seelsorgerlich entdeckt und kirchlich adaptiert werden müssen. Wichtig ist es, auf die kirchliche Engführung christlicher Symbole und ihre Literalisierung zu achten. Solche Klischierung raubt den Symbolen ihre kommunikative Wirkung zwischen der bewussten und

---

[40] Z.B. Tilmann Moser: Gottesvergiftung, 1980

[41] Alfred Lorenzer: Das Konzil der Buchhalter, Die Zerstörung der Sinnlichkeit, Eine Religionskritik, 1981

der unbewussten Seite. Klaus Winkler sagt zusammenfassend: "Soll der christliche Glaube Menschen verbinden und zu deren gegenseitigem Verstehen beitragen, so muss er die Projektionen und Übertragungen im Glaubensverhalten als solche erkennen lernen und sich mit ihnen auseinandersetzen."[42]

Besonders wichtig erscheint es mir heute, im ökumenischen Dialog der Kirchen, aber auch im Dialog der Weltreligionen, auf die unterschiedlichen Herkünfte von Glaubensüberzeugungen zu achten. Gerade im tiefenpsychologischen Bereich spiegelt sich das eine göttliche Licht, wie es ein indisches Sprichwort sagt, in vielen Pfützen. Glaubensüberzeugungen waren schon immer aus den verschiedensten religiösen Quellen gespeist. So hat es uns der traditionsgeschichtliche Zweig der biblischen Exegese zu sehen gelehrt. Um ihrer unbewussten Wirkung auf die Spur zu kommen, müssen wir offen sein für deren unterschiedlichste Manifestationen.

Im Fall meiner Klientin fand ich es sehr aufschlussreich für die Erklärung ihrer übergroßen mütterlichen Liebe, dass sie wie ihr Vater im russisch-orthodoxen Glauben der besonderen Prägung der Don-Kosaken aufgewachsen ist. In ihm spielt die Ikone der "Großen Gottesmutter" gerade in der Frömmigkeit der Frauen eine wichtige Rolle. Aus ihm konnte sich die übergroße mütterliche Liebe der Klientin speisen. Irgendwoher musste sie die gewaltige Kraft haben, um ihr schweres Schicksal zu bewältigen, auch wenn der Ehemann

[42] S.S. 69 Klaus Winkler, Pastoralpsychologie

davon in den Suizid getrieben wurde und die jüngere Tochter in der gleichen Gefahr steht.

7.1.4. Persönlichkeitsstrukturen

Konfliktsituationen müssen aus tiefenpsychologischer Sicht, wenn zu ihrer Lösung etwas beigetragen werden soll, erst einmal gründlich analysiert werden. Dabei gilt es besonders auf sogenannte typische Verhaltensmuster der Beteiligten zu achten. Die Bewusstmachung solche Züge kann auf den Konflikt erst einmal entspannend wirken. Zunächst einmal als unsinnig erlebte Verhaltensweisen können schlagartig ihr ängstigendes Potential verlieren, wenn sie zu typischen normalen Verhaltensmustern umgedeutet werden können.

Die zunächst für mich unsinnige Mächtigkeit der Klientin verlor in der Supervision ihre für mich „ängstigende Macht, als mir klar wurde, aus wie großer Angst und Ohnmacht ihre liebevoll verpackte Aggressivität gespeist wurde. Auf dieses typisch depressive Verhaltensmuster konnte ich dann viel unbefangener eingehen als vorher.

Solche Verhaltensmuster wurden in den verschiedenen tiefenpsychologischen Richtungen zu unterschiedlichen Charakterologien verarbeitet. Im kirchlichen Bercich wurdc bcsonders das Buch von Fritz Riemann, Grundformen der Angst[43] begierig rezipiert. "Schizoide", "depressive", "zwanghafte" und "hysterische" Struktur schienen besonders geeignet für die Kategorisierung von

[43] Fritz Riemann: Grundformen der Angst, 1977 12.Auflage

Menschen im kirchlichen Raum. Allerdings ließen sich die der Psychopathologie entstammenden Charakteristika auch leicht zur Abqualifizierung z.B. ungeliebter Kollegen verwenden. Karl König[44] weist darauf hin, dass sie im therapeutischen Bereich weit weniger wirksam waren. Dort galten sie als zu vereinfachend und plakativ, um in der Praxis anwendbar zu sein. Als Ertrag seiner psychotherapeutischen Praxis hat er in der "Kleinen psychoanalytischen Charakterkunde" eine erweiterte und differenziertere Möglichkeit angeboten, Charakterstrukturen zu erfassen.

Trotzdem wurde in den Anfängen der Pastoralpsychologie "die tiefenpsychologisch fundierte Situationsanalyse"[45] durch Riemann der Seelsorge zugänglich gemacht. Dort entdeckte man aber, dass es nicht nur typisches Verhalten zwischen Menschen gibt, sondern es gibt auch typische Gottesbeziehungen, die das Leben erleichtern, aber auch erschweren können. In beiden Fällen gilt es dann in der Seelsorge "Glaubenseinseitigkeiten festzustellen und im Konfliktfalle auszugleichen."[46]

Im Fall meiner Klientin war ihre Beziehung zur Ikone der "Großen Gottesmutter" durch ihre depressive Charakterstruktur einseitig geprägt. In Identifikation mit diesem Bild versuchte sie, ihre mütterliche Ohnmacht mit Macht zu überspielen. Ihre Konflikte aber kann sie nur dann eher lösen, wenn sie ihre unterdrückte Ohnmacht unter der Macht ihres Charakterpanzers hervorkommen lassen kann.

[44] S.S. 47 Karl König: Gegenübertragungsanalyse, 1993

[45] S.S. 72 Klaus Winkler, Pastoralpsychologie

[46] S.S. 72 ebenda

Ihre fast magische und für mich beinahe blasphemische Identifikation mit dieser Ikone ihr zugänglich zu machen, könnte für sie eine Entkrampfung ihrer überanstrengten Grundhaltung bedeuten.

7.1.5.Integratiom von Leben und Glauben

Zusammenfassend schreibt Klaus Winkler: Die "Erfahrbarkeit des Christenglaubens im Erleben des einzelnen bedeutet die zentrale Aufgabenstellung der Pastoralpsychologie und fasst die ... Grundannahmen in gezielter Ausrichtung zusammen."[47] Die eigentliche pastoralpsychologische Aufgabe ist dann in der Seelsorge, "die Herausbildung eines persönlichkeits-spezifischen Credos'" zu unterstützen. Inhalt dieses Glaubensbekenntnisses wäre die Erkenntnis und Anerkenntnis der eigenen Persönlichkeitsstrukturen und der durch sie geprägten Gottesbeziehung. Das Persönlichkeitsspezifische daran wäre die Annahme seiner Einmaligkeit und Unverwechselbarkeit.

Wie können aber so einmalige und unverwechselbare Gottesbeziehungen unterschiedlicher Menschen miteinander in Beziehung gebracht werden? Gerade Menschen verschiedener Bekenntnisse geraten leicht in unversöhnliche Kontroversen. Die Empfindlichkeit, mit der Menschen gerade da aufeinander reagieren, zeigt z.B. besonders in der pastoralpsychologischen Arbeit mit Gruppen, wie eng Bekenntnisfragen mit der Frage nach der eigenen Identität verknüpft sind.

[47] S.S. 73 Klaus Winkler: Pastoralpsychologie

Diese Beobachtung hat der amerikanische Pastoralpsychologe James W.Fowler zum Anlass genommen, in einer ausführlichen Untersuchung nach den Grundstrukturen von Glaubenserfahrungen zu forschen. In seinem Buch "Stufen des Glaubens"[48] hat er sechs verschiedene Typen zu unterscheiden versucht:

Auf der **erste Stufe** entwickelt sich das **religiöse Grundgefühl**, auf der **zweiten Stufe mythologische Glaube**, auf der **dritten Stufe** der **konventionelle Glaube**, auf der **vierten Stufe** der **reflektierende Glaube**, auf der **fünften Stufe** der **verbindende Glaube** und auf der **sechsten Stufe** der **universalisierende Glaube** der Religionsstifter und Reformatoren. Die Glaubensstufe meiner Klientin wäre nach meiner Auffassung zwischen der magischen zweiten und der konventionellen dritten Stufe einzuordnen.

Fowlers Thesen bestätigen die Erkenntnis Winklers, dass "die emotionale Verankerung des jeweiligen Gottesbildes gerade nicht zu gleichen, sondern zu analogen Erfahrungen führt".[49] Diese Erkenntnis könnte das Zusammenleben von Menschen verschiedener Glaubensstufen genauso erleichtern, wie die Charakterkunde das von Menschen verschiedener Charakterstrukturen. Die Sichtweise Fowlers könnte die "Kinder Gottes" zu einer neuen "Freiheit" befreien, die auch eine neue Lebensqualität eröffnen könnte. Fowler hat aber nicht nur die Toleranz zwischen den Angehörigen verschiedener Glaubensstufen gefördert, sondern auch die Konkurrenz zwischen

---

[48] James W.Fowler: Stufen des Glaubens, Die Psychologie der menschlichen Entwicklung und die Suche nach Sinn, 1991

[49] S.S. 75 Klaus Winkler, Pastoralpsychologie

ihnen. Die sechste Stufe lässt sich leicht als die einzig erstrebenswerte ansehen. Aber keiner von uns kann sie aus eigener Kraft erlangen, es sei denn, "es ist ihm von Gott gegeben".

Pastoralpsychologie versucht, die tiefenpsychologischen Erkenntnisse über die psychische Bedeutung von religiöser Erfahrung in seelsorgerliches Handeln zu integrieren. Das "persönlichkeitsspezifische Credo" des Klienten kann im Konfliktfall durch Seelsorge modifiziert werden, wie der jeweilige Grundkonflikt durch den Vollzug des persönlichkeitsspezifischen Credos entspannt werden kann. Seelsorge und Therapie können sich so je von ihrer Seite der anderen nähern. Sie können so getrennt dem einen Herrn dienen, jede auf ihre Weise. Aber sie können auch beide, wenn es gelingt, gemeinsam dem einen Herrn dienen.

Im ersten Halbjahr 1994 veranstalteten Psychoanalytiker und Pastoralpsychologen im Psychotherapeutischen Institut in Hannover eine Gesprächsreihe. Dabei ist für mich in dem persönlichen Credo der Psychoanalytikerin Christa Marahrens-Schürg eine solche Koinzidenz spürbar geworden. In dem Fallbeispiel, auf das sie sich bezog, hat sie sich als Sachwalterin eines transzendenten Prozesses erlebt, der für sie im **überraschenden Verstehen** zwischen Analytikerin und Klient erfahrbar wurde. Ich halte solche Erfahrungen für seltene aber dafür umso bedeutsamere Ereignisse.

Ein gemeinsames Ziel von Psychoanalyse und Pastoralpsychologie könnte nach meiner Auffassung dann sein, dem Prozess von Einstellungs- und Verhaltensänderung, der durch psychoanalytische oder seelsorgerliche Arbeit in Gang gebracht werden kann, nicht im Wege zu stehen, ihm vielmehr mit Staunen zu folgen und ihn zu fördern. Aus der Kraft dieser Quelle gespeist, könnten dann, wie Klaus Winkler sagt, "Glauben und Leben lebendiger gelebt werden".

8. Pastoralpsychologische Exegese von Johannes 12

Beim Vorgespräch zu dieser Arbeit ist Wolfgang Winter[50]- in Reaktion auf die Kurzdarstellung des vorliegenden Falles - das Bild von der „Madonna auf der Mondsichel" aus der Offenbarung des Johannes eingefallen. Davon angeregt, und unter Verarbeitung der Deutung von Eugen Drewermann[51] möchte ich nun eine pastoralpsychologische Deutung dieses Mythos versuchen. Gleichzeitig werde ich versuchen, ihn auf den dargestellten Fall hin transparent zu machen.

8.1. Die Madonna auf der Mondsichel

Das Bild von der Madonna auf der Mondsichel stammt aus der Offenbarung des Johannes 12,1-6. In der Dramaturgie der Johannes-Apokalypse, die wie einen „Spirale"[52] angelegt ist, ist mit diesem Kapitel ein grundlegender Einschnitt erreicht. Alles was bisher geschaut wurde, muss nun noch einmal von vorne in die eigene Seele transportiert werden. „dafür steht offenbar *das Symbol der Geburt des (Messias-) Kindes* im Himmel."[53] Man kann sie, finde ich, im Sinne

[50] Das Gespräch hat am Freitag, dem 16.9.94 vormittags im Smpl stattgefunden. Beteiligt waren Dr.Wrage und W.Winter als Prüfer und U.Hobus und ich als Kandidaten

[51] Eugen Drewermann, Tiefenpsychologie und Exegese Bd. II, 1991, S. 541-591

[53] S.S. 570 Eugen Drewermann (Hervorhebungen im Original)

der „psychischen Geburt“ nach Margaret Mahler[54] deuten. Die Frau, die als großes Zeichen am Himmel erscheint, ist von der Sonne umkleidet. Darunter können wir uns den mandelförmigen Strahlenkranz der Mandorla vorstellen, der die Frau wie ein Mantel umfängt. Die Sonne ist im Griechischen maskulin und die Personifikation des Gottes Helios. Unter ihren Füßen liegt der Mond. Er ist im Griechischen feminin und die Personifikation der Göttin Selene. Auf ihrem Haupt trägt sie ein Diadem von zwölf Sternen. Sie können nach Drewermann[55] als die Symbolisierung der höchsten Ideale und Werte gedeutet werden.

Wichtig finde ich an dieser Stelle, dass die Zahlensymbolik nach C.G.Jung[56] der Zahl drei (der Trinität von Vater, Sohn und Heiligem Geist) eine männliche und der Zahl vier (der Quaternität mit der Gottesmutter) eine weibliche Deutung zuweist. Die Zwölf kann als die Multiplikation der männlichen Drei mit der weiblichen Vier gedeutet werden. Im „hieros gamos“ von Helios und Selene wird das göttliche Kind gezeugt.

8.2. Die Geburt des göttlichen Kindes

Mit diesem Einschnitt endet die Epoche der Jungfrau. Mit der Geburt des göttlichen Kindes wird zugleich die Gottesmutter geboren. Die Geburt bereitet ihr große Qualen. Gemäß dem spätantiken metamorphotischen Denken[57] stellt die Geburt einen entscheidenden

---

[54] Margaret S.Mahler; Fred Pine, Anni Bergmann, Die psychische Geburt des Menschen 1975

[55] S.S. 572 Eugen Drewermann

[56] S.S. 37f. C.G.Jung, Psychologie und Alchemie, Einleitung in die religionspsychologische Problematik (15-54) Studienausgabe bei Walter

[57] Ovid, Metamorphosen, Reclam Universal-Bibliothek 356

Einschnitt im Lebenszyklus der Frau dar. Was vorher war, bleibt wie die Hülle der Puppe als abgestorbene Larve der Jungfräulichkeit zurück. Was daraus hervorgeht„ stellt die verwandelte Jungfräulichkeit der Gottesmutter dar. Sie geht symbolisch aus der Geburt des göttlichen Kindes hervor. Ich denke, dass so der Narzissmus der jungfräulichen Unberührtheit, der durch Zeugung und Geburt zerstört wird, in den narzisstischen Mutterstolz verwandelt wird. Die göttliche Gebärerin partizipiert durch Vollmacht an Gottes Schöpfermacht.

Ich kann mir vorstellen, dass die Klientin solche narzisstischen Kräfte nicht nur aus der Verehrung der Ikone der Jungfrau und Gottesmutter schöpfen konnte, sondern z.B. auch aus der Geburt ihrer Kinder in einer allerdings feindlichen Welt.

8.3. Der feuerrote Drache

Zu Füßen der Frau erscheint nun ein anderes Zeichen am Himmel, ein großer feuerroter Drache. Damit wird nach meiner Meinung alles symbolisiert, was in der Gestalt der Frau bisher an männlich-aggressiven Zügen ausgeblendet wurde. Die Herkunft aus dem babylonischen Mythos legt sich nahe.[58]

In religionsphänomenologischer Parallel taucht der Drache auch in der Götterwelt Chinas auf. Dort hat er, wie ich finde, eine sehr anschauliche Doppelfunktion: Des Glücksdrachens in der Mitte - und des Chaosdrachens am Rande des „Großen Reiches“. Das „Große

[58] S. Anmerkung 81 auf s. 571 Eugen Drewermann

Reich“ ist das Symbol der Integration von Ordnung und Chaos. Der rote Drache symbolisiert in seiner Mitte das Glück, wobei er zugleich die Grenzen des Reiches bewacht. Dann kann das Glück aus der Mitte der Lebendigkeit dieser Ordnung hervorquellen. An seiner Peripherie dagegen verwandelt er sich zum Krieg und Feuer speienden Chaosdrachen, der allerdings auch die im Innern verderbte Ordnung zerstören will. Zu diesem Zerstörer kann sich aber auch der Glücksdrache in der Mitte verwandeln, wenn die Ordnung erstarrt.

Im Sinne religionsphänomenologischer Parallelen kann der Drache in der Apokalypse ohne weiteres das Römische Reich in seiner Ambivalenz symbolisieren. Zu Füßen der Frau aber kann er „tiefenpsychologisch als Repräsentant einer einseitigen Bewusstseinseinstellung interpretiert werden.“[59] Nicht ohne den Blick auf den Fall der Klientin, kann er auch die feuerrot brennende Wut auf das ihr bisheriges Leben zerstörende Kind darstellen, bzw. auf den Mann, der es zeugte. Sie ist sonst in der Göttlichkeit der Mutter ähnlich aufgehoben, wie in der übergroßen Liebe der Klientin. Im Unbewussten aber versucht der Drache alles zu beherrschen. Mit seinen sieben gekrönten Häuptern kann er überall sein und mit seinen 14 Augen alles sehen. Die männliche Drei und die weibliche Vier sind hier zur Sieben addiert. Mit seiner damit symbolisierten androgynen Königsmacht versucht er alles zu beherrschen. Mit der versammelten phallischen Potenz seines Schwanzes wirft er ein Drittel der Sterne des Himmels auf die Erde. Damit zeigt er sich als der wahre Diabolos,

[59] S.S. 572 Eugen Drewermann

der himmlische Ideale und irdische Realität durcheinanderwirft. Er ist ein würdiger Abkomme des babylonischen Chaosdrachens.

Als die Frau gebären sollte, trat der Drache vor sie, damit er ihr Kind verschlinge. Hinter der aggressiven Seite treten nun Existenzangst und Sorge hervor. So kann er nun die Ängste und Sorgen der gebärenden Mutter symbolisieren, die den frischgeborenen Spross der Hoffnung zu verschlingen drohen. Drewermann sagt: Es ist ein mütterlicher „Alptraum, der in seiner oral-depressiven Maßlosigkeit zeigt, dass hier ein Entscheidungskampf auf Leben und Tod ausgetragen wird.“[60]

8.4. Die Entrückung des Kindes

Vor dieser Gefahr wird das Kind aber zu Gott als seinem Vater in den Himmel entrückt. In dieser Entrückung kommt zum Ausdruck, was für mich im Eingangsteil der Taufe seinen Ort hat. Das Kind wird den Eltern, nachdem sie es bekommen haben, nun auch gleich wieder weggenommen. Damit soll sein Anspruch auf ein eigenes göttliches Leben deutlich gemacht werden, zu dem es trotz aller Abhängigkeit geboren ist. Damit soll es vor dem Zugriff der überwertigen Liebe der Eltern geschützt werden, wie er mir bei der Klientin so deutlich spürbar ist. Die wahre Gestalt eines Menschen, so bedroht sie auch sein mag, steht so gesichert bei Gott, sagt Drewermann. „Aller Kampf und alle Auseinandersetzung in der „Wirklichkeit verdankt“ sich dieser allem vorausliegenden Gewissheit.[61]

---

[60] S.S. 572 Eugen Drewermann
[61] S.S. 573 Eugen Drewermann

8.5. Die Frau in der Wüste

Nachdem die Frau ihr Kind in sein eigenes Leben bei „Gott und seinem Thron“ entlassen hat, verwandelt sich ihr Leben zur Wüste. Aber Gott lässt sie dort nicht verhungern und verdursten. In Vers 6 heißt es, dass Gott sie dort ernährt, während der Kampf zwischen Michael und dem Drachen tobt. Dorthin verfolgt sie nun zum Schluss der Drache. Erstaunlich finde ich, dass er nun nicht Feuer, sondern Wasser speit, um sie zu ersäufen.[62]

Durch den Verlust des Kindes verwandelt sich die Welt für die Mutter in einen Wüstenei. „In ihrer Leere, Unfruchtbarkeit und Ödnis…ist dann die größte Gefahr, aus lauter Traurigkeit…zu resignieren und in einer Flut von Tränen fortgeschwemmt zu werden.“[63] Gerade in dem Augenblick, in dem die Frau ohne Mann und Kind auf sich selbst geworfen ist und ihr Leben neu beginnen könnte, wird sie von der in ihr verschütteten Depression eingeholt. In ihr würde sie ertrinken; „und doch ist es am Ende die Mütterlichkeit der Erde selbst, die das Wasser des Abgrundes aufsaugt und die himmlische Frau errettet.“[64]

So verarbeitet nach meinen Eindruck der Mythos von der göttlichen Frau diese zentrale Krise im Leben einer Frau auf symbolische Weise. Wenn es gelingen könnte, die Essenz dieses Mythos der Klientin zu kommunizieren, dann könnte er ihr zu einem neuen ganzheitlicheren Leben verhelfen.

---

[62] Off. 12.13-16
[63] S.S. 576 Eugen Drewermann
[64] S.S. 576 Eugen Drewermann

9. Schlussbemerkung

Ich habe meiner Arbeit als Motto das Wort Jesu von Matthäus 18,3 vorangestellt: "Wenn ihr nicht umkehrt und werdet wie die Kinder, werdet ihr nicht ins Himmelreich kommen." Es sollte dem Imperativ der übermächtigen Mutter: "Dass ihr werdet wie die Kinder!", als Korrektiv entgegengestellt werden. Erst im Laufe der Arbeit ist mir aufgefallen, dass ich möglicherweise auch durch den Titel des Buches von Klaus Winkler: "Werden wie die Kinder?" dazu angeregt worden bin. In ihm wird das Selbstverständnis von Erwachsenen auf ihre Fähigkeit zur heilsamen Regression hinterfragt. Der Klientin mehr Flexibilität zu verschaffen, war das Ziel der Beratung. Ihr Hauptwiderstand fing im weiteren Verlauf der Beratung an sich zu verflüssigen, als sie merkte, dass es eigentlich nicht um die Suizidgefährdung ihrer Tochter ging, sondern um sie selbst und um die Gestaltung ihres eigenen Lebens ohne ihre Töchter. Es fiel ihr schwer, sich umzuorientieren, weil sie sich selbst nicht für so wichtig hielt wie ihre Töchter. Aber sie versuchte mit dem ihr eigenen Engagement, sich von ihren Töchtern abzugrenzen und etwas für sich selbst zu tun. Dabei hat sie sich für mich bis in ihr Aussehen hinein zu verändern begonnen. Ich finde, sie ist sichtbar entspannter und menschlicher geworden. Vielleicht hat sich nicht nur meine Sichtweise verändert. Vielleicht hat auch das Weihnachtsevangelium von der Kindwerdung Gottes in ihrer Seele seine lebensspendende Kraft entfalten können.

10. Literaturverzeichnis:

Balint, Michael:

Therapeutische Aspekte der Regression, 1970

Bion, Wilfried R.:

Lernen durch Erfahrung, Suhrkamp, 1990

Dienst, Karl:

Sündenbekenntnis und/oder Heilung der Erinnerung? Festschrift für H.Gibb, 1989

Erikson, Erik H.:

Identität und Lebenszyklus, 1966

Fowler, James W.:

Stufen des Glaubens, 1991

Freud, Anna:

Das Ich und die Abwehrmechanismen, 1978

Freud, Sigmund:

Sexualleben, Studienausgabe Bd.V, 1972

Harsch, Helmut:

Alkoholismus, 1990

Kind, Jürgen:

Suizidal, 1992

König, Karl:

Gegenübertragungsanalyse, 1993

ders.

Kleine psychoanalytische Charakterkunde, 1993

Lorenzer, Alfred:

Das Konzil der Buchhalter, 1981

Mahler, Margret S.; Pine, Fred; Bergman, Anni:

Die psychische Geburt des Menschen, 1975

Moser, Tilmann:

Gottesvergiftung, 1980

Ovid: Metamorphosen, Reclam Universal-Bibliothek 356

Raguse-Stauffer, Betty:

Was wirkt Supervision?

WzM 46, 8, 1994, S.442-455

Ricoer, Paul:

Hermeneutik und Psychoanalyse, 1974

Riemann, Fritz:

Grundformen der Angst, 12. Aufl. 1977

Rombach, Heinrich:

Strukturontologie, 1970

Scharfenberg, Joachim; Kämpfer, Horst:

Mit Symbolen leben, 1980

Willi, Jörg:

Die Zweierbeziehung, 1990

Winkler, Klaus:

Pastoralpsychologie S.60-73 in

Reimund Blohm u.a.:

Kirchliche Handlungsfelder, 1993

ders.:

Werden wie die Kinder? 1992

Winnicott, Donald Woods:

Übergangsobjekte und Übergangsphänomene, in

Psychologie der zwischenmenschlichen

Beziehungen hrsg. Peter Kutter, 1982

---

11. Anmerkungen:

Donald Woods Winnicott: Übergangsobjekte und Übergangsphänomene, S.82-104 in Psychologie der zwischenmenschlichen Beziehungen hrsg. Peter Kutter, 1982

s.S. 37f, Helmut Harsch: Alkoholismus, 1990

s.S. 37f, Helmut Harsch: Alkoholismus, 1990

s.S. 25, Karl König:

Kleine psychoanalytische Charakterkunde, 1993

s.S. 50, Karl König:

Kleine psychoanalytische Charakterkunde, 1993

s.S. 96, Anna Freud:

Das Ich und die Abwehrmechanismen, 1978

s.S. 50, Karl König:

Kleine psychoanalytische Charakterkunde, 1993

s.S. 51, Karl König:

Kleine psychoanalytische Charakterkunde, 1993

s. S. 51, Karl König:

Kleine psychoanalytische Charakterkunde, 1993

s.S. 87 Jürgen Kind: Suizidal, 1992

s.S. 99 Jürg Willi: Die Zweierbeziehung, 1990

s.S.179ff. Karl König:

Gegenübertragungsanalyse, 1993

s. S. 16, Karl König: Gegenübertragungsanalyse, 1993

Das Gespräch hat am Freitag, dem 16.9.94 vormittags

im Sozialmedizinisch-psychologischen Institut der Hannoverschen Landeskirche stattgefunden. Beteiligt waren Dr.Karl-Horst Wrage+ und Wolfgang Winter als Prüfer und ich als Kandidat

s.S. 129f. Karl König:

Gegenübertragungsanalyse, 1993

s.S. 22, Karl König: Kleine Charakterkunde, 1993

s.S. 92, Anna Freud:

Das Ich und die Abwehrmechanismen, 1978

Dieses Kapitel bezieht sich auf den Aufsatz

von Betty Raguse-Stauffer:

Was wirkt Supervision? WzM 46, 8, 1994 S.442-455

s. S. 246, Sigmund Freud:

Sexualleben, Studienausgabe Bd.V, 1972

s. S. 452, Betty Raguse-Stauffer:

Was wirkt Supervision? WzM 46, 8, 1994 S.442-455

s. S. 452, Betty Raguse-Stauffer:

Was wirkt Supervision? WzM 46, 8, 1994 S.442-455

s. S. 449, Betty Raguse-Stauffer:

Was wirkt Supervision? WzM 46,8, 1994 S.442-455

s. S. 452, Betty Raguse-Stauffer:

Was wirkt Supervision? WzM 46,8, 1994 S.442-455

s. S. 451, Betty Raguse-Stauffer:

Was wirkt Supervision? WzM 46,8, 1994 S.442-455

s. S.22 Karl König: Gegenübertragungsanalyse, 1993

Wilfried R.Bion:

Lernen durch Erfahrung, Suhrkamp 1990

s. S. 454, Betty Raguse-Stauffer:

Was wirkt Supervision? WzM 46,8, 1994 S.442-455

s. S. 315-327, Paul Ricoer:

Hermeneutik und Psychoanalyse, 1974

Mt. 22,37-39

siehe Klaus Winkler: Pastoralpsychologie S.60-73 in Reimund Blohm u.a.: Kirchliche Handlungsfelder, 1993

s.S. 117 Generativität gegen Stagnierung in

Erik H.Erikson: Identität und Lebenszyklus, 1966

s. S. 53 ff Klaus Winkler:

Werden wie die Kinder? 1992

s. S. 64 Klaus Winkler: Pastoralpsychologie

benigne und maligne Regression s. Michael Balint: Therapeutische Aspekte der Regression, 1970

s. S. 65 Klaus Winkler: Pastoralpsychologie

Joachim Scharfenberg, Horst Kämpfer:

Mit Symbolen leben, 1980

s. S. 66 Klaus Winkler: Pastoralpsychologie

s. S. 399/405 in Karl Dienst: Sündenbekenntnis

und/oder Heilung der Erinnerung? Festschrift für

H.Gibb, 1989, zitiert nach Klaus Winkler,

Pastoralpsychologie S.67

Der Kontingenz-Begriff wird gebraucht wie in der Existenzphilosophie der Heidegger-Schule z.B. bei Heinrich Rombach: Strukturontologie, 1970,

s. S. 67 Klaus Winkler: Pastoralpsychologie

z.B. Tilmann Moser: Gottesvergiftung, 1980

Alfred Lorenzer: Das Konzil der Buchhalter,

Die Zerstörung der Sinnlichkeit,

Eine Religionskritik, 1981

s. S. 69 Klaus Winkler: Pastoralpsychologie

Fritz Riemann: Grundformen der Angst, 121977

s. S.47 Karl König: Gegenübertragungsanalyse, 1993

s. S. 72 Klaus Winkler: Pastoralpsychologie

s. S. 72 Klaus Winkler: Pastoralpsychologie

s. S. 73 Klaus Winkler: Pastoralpsychologie

James W.Fowler: Stufen des Glaubens,

Die Psychologie der menschlichen Entwicklung

und die Suche nach Sinn, 1991

s. S. 74 Klaus Winkler: Pastoralpsychologie

s. S. 75 Klaus Winkler: Pastoralpsychologie

12. Inhaltsverzeichnis

"Werden wie die Kinder" Mt.18,3
Darstellung der Beratung einer Witwe
wegen der Suizidgefährdung ihrer Tochter
unter besonderer Berücksichtigung der Gegenübertragung

Helmut Brendel, Pastor
Koopmannsfeld 14
29229 Celle
Tel.: 05141/55815

Printed by Books on Demand GmbH, Norderstedt / Germany